Stürtz REGIO

ODENWALD UND BERGSTRASSE

Texte von
Marie Ashauer-Schubach

Bilder von
Horst und Tina Herzig

HESSEN
Groß-Gerau
Griesheim
Oppenheim
Riedstadt
Pfungstadt
Rhein
Biebesheim
Gernsheim
Biblis
Bürstadt
Worms
Lampert-
heim
Viern-
heim
Mannheim
Ludwigs-
hafen
Laden-
burg
Schiffer-
stadt
Speyer
Schwet-
zingen
Hockenheim
Eppelheim
Heidelberg
Leimen
Walldorf
Wiesloch
Dieburg
Darmstadt
Klein-Umstadt
Groß-
Umstadt
Reinheim
MÜHLTAL
Seeheim
OTZBERG
LAUTERTAL
Zwingenberg
Fränkisch-
Crumbach
BROMBACH-
TAL
Bad König
Reichelsheim
Bensheim
Lindenfels
Ober-
Mossau
NATURPARK
Michelstadt
Heppenheim
Lorsch
Fürth
Rimbach
Unter-
Mossau
Erbach
GRASELLENBACH
Hemsbach
Mörlenbach
BERGSTRASSE
Birkenau
Wald-
Michelbach
Beerfelden
Weinheim
ODENWALD
Rittenweier
Rothenberg
Friedrichsdorf
Schriesheim
Heddesbach
Eberbach
Hirsch-
horn
Neckar
Neckar-
steinach
Schönbrunn
Zwingenberg
Neckargemünd
Aglaster-
hausen
Mosbac
ODENWALD
Waibstadt
Neckar-
bischofsheim
Gundels-
heim
Sinsheim
Bad
Rappenau
3
1
2
5
6
8
9
10
11
12
13
15
0
4
8
12 km

Odenwald

Ausführliche Reisetipps siehe Seiten 64/65

1 Brauereigasthof Schmucker, Mossautal
2 Burg Zwingenberg
3 Darmstädter Mathildenhöhe
4 Gasthaus Riese, Miltenberg
5 Deutsches Elfenbeinmuseum, Erbach
6 Felsenmeer, Lautertal/Reichenbach
7 Freilichtmuseum Neckar-Odenwald, Gottersdorf
8 Fürstenlager, Bensheim-Auerbach
9 Heidelberg
10 Apfelweinwirtschaft Jöste Andres, Rittenweier
11 Kloster Lorsch
12 Michelstadt
13 Gasthaus Treusch, Reichelsheim
14 Wallfahrtsort Walldürn
15 Weinheim

Stürtz REGIO

ODENWALD UND BERGSTRASSE

Texte von
Marie Ashauer-Schubach

Bilder von
Horst und Tina Herzig

Cover oben: Landschaft bei Lindenfels

Cover Mitte: Trachtengruppe beim Lindenfelser Trachtenfest

Cover unten: Hochzeitsturm auf der Mathildenhöhe in Darmstadt

Cover unten rechts: Alte Brücke und Schloss in Heidelberg

Rückseite: Rathaus in Michelstadt

Bild Seite 4/5: Landschaft bei Winterkasten

Seite 8/9: Die Mildenburg, einst kurmainzisches Bergschloss, wacht über das mittelalterliche Miltenberg am Main, das zu den Höhepunkten einer Reise durch den Odenwald gehört.

Die Autoren:

Marie Ashauer-Schubach, geb. 1959 in Köln, lebt und arbeitet seit einigen Jahren im Odenwald. Hauptberuflich ist sie Lektorin in einem Kinder- und Jugendbuchverlag.

Horst und Tina Herzig arbeiten als freischaffende Fotografen und Fotodesigner in Groß-Gerau.

Impressum

Bildnachweis:
Archiv des Stürtz Verlags: S. 31 links.
Edition Sigloch Bildarchiv, Künzelsau: S. 53 rechts unten.

Die Deutsche Bibliothek – CIP-Einheitsaufnahme
Odenwald / Marie Ashauer-Schubach (Autor).
Horst Herzig; Tina Herzig (Fotogr.) – Würzburg:
Stürtz 1998.
ISBN 3-8003-1100-3 / Hardcover
ISBN 3-8003-1101-1 / Softcover

Buchgestaltung: Förster Illustration & Grafik, Rimpar
Karte: Computerkartografie Theiss Heidolph, Eching am Ammersee
Repro: Atelier Hofmüller, Linz
Druck und Verarbeitung:
Universitätsdruckerei H. Stürtz AG, Würzburg

ISBN 3-8003-1100-3 / Hardcover
ISBN 3-8003-1101-1 / Softcover

INHALT

MOZART

ASTORIA

BURGEN ÜBER BAUERNLAND

Wild, karg, lieblich, arm, rau: So widersprüchlich wie die Beschreibung des Mittelgebirges zwischen Rheinebene und Bergstraße im Westen, dem Main im Norden, dem Neckar im Süden und dem fruchtbaren Bauland im Südosten sind auch die Erklärungen für den Namen Odenwald: »O den Wald« soll Emma, die Frau von Einhard, dem Berater Karls des Großen, beim Anblick des Odenwalds ausgerufen haben. Als Herleitung von den Ottonen oder von Osten wurde er gedeutet, Odins Wald und öder Wald waren weitere Erklärungen – gesichert ist keine.

In Airlenbach bei Beerfelden steht die fast tausendjährige, 30 Meter hohe »dicke Eiche« mit einem Umfang von 8,60 Meter.

Es ist eine romantische Gegend, manchmal geheimnisvoll und schaurig:

Naturdenkmäler und steinerne Zeugen der Geschichte, zu »Heunesäulen«, Riesen-Säulen, bearbeitete Felsen, Sühnekreuze, alte Richtstätten und Flurnamen wie Winterhauch, Galgenberg, Kalter Herrgott, Teufelsstein und Höllgrund regen die Fantasie an. Von der Mümling gar, die eines der schönsten Odenwaldtäler durchfließt, heißt es, dass sie Menschenopfer fordere.

Wenn Nebel die Bergkuppen verhüllt, wenn unvermittelt moosüberwachsene Granitfelsen, alte Wegzeichen oder sogar die Ruine einer Burg im Wald auftauchen, glaubt man gerne an die alten Sagen. Ganz anders aber an sonnigen Herbsttagen, wenn der Wald in den buntesten Farben leuchtet, im Sommer, wenn überall der rote Fingerhut blüht, botanisches Wahrzeichen des Odenwalds, oder im Frühjahr, wenn

die Obstbaumblüte das winterlich-raue Land zu verwandeln scheint. Dann präsentiert sich der Odenwald als heitere, liebliche Mittelgebirgslandschaft, deren höchste Erhebung, der Katzenbuckel bei Waldbrunn, immerhin 628 Meter misst. Reizvoll ist der Odenwald zu jeder Jahreszeit: Im Frühjahr lockt die Blütenpracht, im Sommer laden die Wälder mit gut ausgezeichneten Wegen und bewirtschafteten Hütten zum Wandern ein, im Herbst wachsen Pilze im Überfluss und wenn der erste Schnee gefallen ist, bieten Wintersportgebiete wie die Tromm und der Katzenbuckel sowohl Abfahrtspisten als auch Langlaufloipen.

Heilklimatische Kurorte, Heilbäder, Ferien auf dem Bauernhof, der Odenwald hat für jeden etwas. Vor allem auch für Tagesbesucher, die aus den Ballungszentren an den Wochenenden in Scharen kommen.

Dass Gäste immer willkommen sind, beweist die Odenwälder Gastronomie, die neben der einfachen, ländlichen Küche durchaus Delikatessen zu bieten hat, vor allem in der Wildsaison. Das rund 2 400 Quadratkilometer große Gebiet, zu 60 % mit Wald bedeckt, ist eine

alte Kulturlandschaft, geprägt durch Viehzucht und Ackerbau,

wobei die Kartoffel eine bedeutende Rolle spielt: Drei Kartoffelsäcke sollten hier angeblich einst in ein gräfliches Wappen aufgenommen werden – verdient hätte die Knolle, die um 1700 Einzug in den Odenwald hielt, diese Ehre. In der ertragsarmen Landschaft war sie lange das Hauptnahrungsmittel der armen Bevölkerung. Schöner anzusehen als Kartoffeläcker aber sind die Streuobstwiesen, die im Frühjahr den Odenwald in ein Blütenmeer verwandeln.

Die Wolfsschlucht bei Zwingenberg am Neckar soll Carl Maria von Weber zu seiner Oper »Der Freischütz« inspiriert haben.

Wenn sich die Herbstnebel auf Bäume und Felder legen, das Obst geerntet und die Felder leer sind, wird es ruhig im Odenwald.

Der Obstbau hat hier eine lange Tradition. Zu jedem Hof gehörte ein Baumgarten, in dem neben Apfelbäumen vor allem Zwetschgen wuchsen. Gedörrt waren sie sogar schon vor Jahrhunderten ein Exportartikel. Streuobstwiesen wurden seit der ersten Hälfte des 19. Jh.s systematisch angelegt, als so genannte Baumäcker, die mehrfachen Nutzen brachten: Unter den hochstämmigen Obstbäumen konnte Vieh weiden, Grünfutter geschnitten oder Heu gemacht werden.

Um 1938 gab es 12 Millionen Obstbäume in Hessen,

davon rund 2/3 auf Streuobstwiesen. 1987 waren es nur noch 0,7 Millionen – die Mechanisierung der Landwirtschaft und die Ausweisung von Bauland hatten ihren Tribut gefordert. Seit einigen Jahren jedoch bemüht man sich wieder um Apfel und Birne, Kirsche und Zwetschge, was nicht nur dem Erhalt alter Obstsorten und einem Bestandteil der bäuerlichen Kultur dient, sondern auch der Bewahrung Odenwälder Ess- und Trinkgewohnheiten.

Dörrobst, die trockene Variante der Obstverarbeitung, ist in der einfachen Küche nicht zu entbehren. Nicht unterschätzen darf man aber auch die Bedeutung des Obstlers, den viele Bauern noch selber brennen und direkt vermarkten. Wie der Apfelwein, das Odenwälder »Nationalgetränk«, ist er weder aus den Gaststuben noch aus den Privatkellern wegzudenken – so mancher Odenwälder hat ein Fass im Keller.

Apfelwein war das Getränk der einfachen Leute, Traubenwein tranken die Reichen. Dass Trauben im milden Klima der Bergstraße, die sich am westlichen Rand des Odenwalds von Darmstadt am oberrheinischen

Rechts: Weinberge bei Heppenheim.

Traubenernte auf der Odenwälder Weininsel um Umstadt, dem mit rund 50 Hektar kleinsten deutschen Weinanbaugebiet.

Winzerfest in Groß-Umstadt vor dem Renaissance-Rathaus aus dem Jahr 1605.

Grabenbruch entlang bis Heidelberg erstreckt und strandfreie Riviera-Qualitäten hat, hervorragend gedeihen, das haben schon die Römer gewusst. Aus Riesling-, Müller-Thurgau-, Silvaner- aber auch Burgundertrauben werden Bergsträßer Weine gekeltert. Verkosten kann man sie auf den vielen Weinfesten entlang der Bergstraße.

Zu feiern verstand man zu allen Zeiten auch im Odenwald, selbst wenn das Leben schwer war. Davon zeugen viele überlieferte Volksfeste und Bräuche wie das Zu-Tal-rollen-lassen von Feuerrädern zur Fastnacht, Sommertagsumzüge mit Stecken, Brezel und Ei als Symbolen der Fruchtbarkeit, große Jahrmärkte wie der Heinermarkt in Darmstadt, der Eulbacher Wiesenmarkt oder der Bienenmarkt in Michelbach, vor allem aber die in fast allen Dörfern des Odenwalds gefeierte Kerwe, die Kirchweih.

Trotz dieser lebensfrohen Seite ist der Odenwald eigentlich arm. Die Böden sind karg, die Hanglagen schwer zu bewirtschaften und das Klima kann sehr rau sein. Missernten haben immer wieder zur Verelendung der Bauern geführt. Dazu kamen Kriege und Seuchen.

Nach dem Dreißigjährigen Krieg war das Land zu 85% entvölkert.

Wieder auf die Beine halfen ihm unter anderen die Schenken und späteren Grafen zu Erbach, die ihren Herrschaftsbereich seit dem 11. Jh. ausbauten und die Odenwälder Geschichte über 900 Jahre prägten. Die männliche Linie der Grafen zu Erbach hat sich bis in die Gegenwart erhalten und so ziert das Erbacher Wappen mit den drei Sternen auch heute noch viele Grenzsteine im mittleren Odenwald. Die Grafen dieses Geschlechts waren fürsorgliche Landesherren. »Nicht beschwere deine Untertanen über die Billigkeit«, schrieb Graf Eberhard II. seinem Sohn ins Merkbüchlein. Vor allem Graf Franz I. zu Erbach-Erbach, der als »Elfenbeingraf« in die Geschichte einging, scheint sich dies zu Herzen genommen zu haben. Er förderte Landwirtschaft und Handwerk.

Wer arbeitet, soll auch essen: Das Beste aus Küche und Keller kommt beim Winzerfest Mitte September in Groß-Umstadt auf den Tisch.

In der Blüte der Erbacher Herrschaft entstanden viele schöne Baudenkmäler, unter anderem das Schloss von Erbach, im benachbarten Michelstadt Rathaus, Pfarrkirche und »Kellerei«, und das Jagdschloss Eulbach mit dem großen Wildpark.

Vor den Portalen des Erbacher Schlosses zeugen Skulpturen von der Jagdleidenschaft der Grafen.

Sehr früh wurde der Odenwald besiedelt: Immerhin stammt der rund 500 000 Jahre alte »Homo heidelbergensis« von hier,

der älteste Nachweis menschlichen Lebens in Europa.

Funde aus der Steinzeit belegen die Anwesenheit von Jägern, Hügelgräber zeugen von keltischen Siedlungen, erste Fliehburgen entstanden bei Miltenberg auf dem Greinberg, auf der Altscheuer bei Lichtenberg und auf dem Heiligenberg bei Heidelberg.

Der Gutshof Haselburg bei Hummetroth unweit von Höchst gehört zu den wenigen Baudenkmälern aus der Römerzeit, die zivil genutzt wurden.

Am Ende des 1. Jahrhunderts nach Christus kamen die Römer und sicherten mit dem Bau des Limes ihr Imperium. Die so genannte Mümling-Neckar-Linie zog sich über eine Länge von 65 Kilometern von Wörth am Main über Lützelbach, Hainhaus, Eulbach, Würzberg und Neckarburken nach Wimpfen. Aber schon bald dehnten die Römer ihr Herrschaftsgebiet weiter aus und verlegten den Limes rund dreißig Kilometer weiter nach Osten. Die neue Befestigungslinie verlief von Miltenberg am Main über Walldürn nach Osterburken. Die Römer haben deutlich sichtbare Spuren hinterlassen, Schwerpunkte ihrer Besiedelung waren der Breuberg, das Michelstädter und das Königer Becken. Aber auch entlang der »strata montana«, ihrer Heerstraße, errichteten sie Gutshöfe.

Den entscheidendsten Anteil an der Kultivierung des Landes aber hatten die Klöster, die sich im Zuge der Christianisierung vor allem am Neckar und der Bergstraße gründeten. Vom 7. Jh. an gewannen sie an Einfluss. Allen voran das 764 gegründete Kloster Lorsch, das dank guter Verbindungen zum karolingischen Königshaus eine Blitzkarriere machte: 772 wurde es Reichsabtei

Kaiser Karls des Großen und dehnte durch großzügige Schenkungen in den nächsten drei Jahrhunderten seinen Machtbereich bis tief in den Odenwald aus. Im Lorscher Codex aus dem 12. Jh. sind alle Besitztümer, Liegenschaften und Schenkungen des Klosters verzeichnet. Auch der Name »Odenwald« ist zum ersten Mal in einer Klosterurkunde aus dem Jahre 772 bezeugt. Viele der Schutzburgen entlang der Bergstraße, malerische Ruinen wie die Starkenburg bei Heppenheim und Burg Windeck über Weinheim, die heute bewirtschaftet ist und bei klarer Sicht einen wunderbaren Blick über die Rheinebene bis zum Pfälzer Wald und den Vogesen ermöglicht, stammen aus dieser Blütezeit des Klosters.

großblättrigen Pflanzen in alten Tabakscheuern in den Dörfern längs der Bergstraße trocknen. In ernsthafte Konkurrenz zur Pfalz tritt die Bergstraße im Mai und Juni: Dann bieten die Bauern der Region

Spargel beinahe an jeder Straßenecke

an und auch die Gastronomie huldigt dem Gourmet-Gemüse.

Als wichtige Handelsstraße war die Bergstraße im 19. Jahrhundert aber auch ein beliebtes Ziel von Räubern, oftmals Heimat- und Erwerbslosen, die sich und ihren Familien so das Überleben sicherten und in den unwegsamen Wäldern des Odenwaldes

Vor dem Alten Rathaus in Lorsch erinnert das Brunnendenkmal der »Tabaknäherin« (links) an den wirtschaftlich einst bedeutsamen Tabakanbau in der Rheinebene.

Aus 33 Metern Höhe blickt Großherzog Ludwig I., der »Lange Ludwig«, auf den Darmstädter Luisenplatz (oben).

Die Bergstraße ist ein prosperierender, blühender Landstrich mit fast südländisch anmutender Vegetation. Schon lange reisen Sonnenhungrige zum »Frühling an der Bergstraße«, der sehr viel früher beginnt als in anderen Landesteilen. Neben Wein und Obst wächst hier auch Tabak, im Herbst sieht man die langen,

Unterschlupf fanden. Bei Hemsbach erinnert der Hölzerlips-Stein an einen solchen Kleinkriminellen, den Kastenkrämer Hölzerlips – und wer weiß, vielleicht gehörte auch das Gasthaus »Kochemer Bayes«, was in der Räubersprache so viel wie »sichere Herberge« bedeutet, zu seinen Aufenthaltsorten.

Herbergen en gros gibt es in Heidelberg, der südlichen »Metropole« des Odenwaldes. Vielfach besungen und

von den Amerikanern zum Inbegriff des Romantischen gekürt,

gibt sich Deutschlands älteste Universitätsstadt heute modern und weltoffen. Aber Heidelberg ist auch stolz auf seine Geschichte: Mehrfach geschleift und verwüstet bietet es Millionen von Besuchern eine liebevoll restaurierte Altstadt und ein Flair, das gleichermaßen intim wie großstädtisch wirkt.

Die Madonna auf dem Kornmarkt in Heidelberg umgeben von repräsentativen Bürgerhäusern.

Reiches Fachwerk schmückt den Bensheimer Markt.

Doch nicht nur Heidelberg atmet Geschichte, Spuren der Vergangenheit lassen sich noch überall im Odenwald und an der Bergstraße finden, z. B. die Überreste alter Handwerke. Holzschnitzer fertigen im Mümlingtal heute noch die berühmten Odenwälder Gäulchen.

Das Gerberbachviertel in Weinheim ist heute Zentrum der »Woinemer Kerwe«, der Kirchweih.

Andere Traditionsberufe haben sich dagegen nur in Namen erhalten, wie die Gerberei, nach der das schönste Weinheimer Stadtviertel heißt: das Gerberbachviertel unterhalb des malerischen Marktplatzes.

Vor allem die Gerber fanden im Odenwald alles, was sie brauchten:

Getrocknete Eichenrinde und Wasser. Im Zuge der Industrialisierung gewann noch ein anderer wichtiger Erwerbszweig hier an Bedeutung: der Bergbau. Bereits im 8. Jh. entstanden die ersten Erzgruben. Bis ins 20. Jh. hinein wurden im Odenwald, aber zum Beispiel auch in Schriesheim an der Bergstraße Erze abgebaut und verhüttet. Dorfnamen wie Hüttenthal, wo es ein Gasthaus

»Zur Schmelze« gibt, oder der »Obere Hammer« und der »Untere Hammer« in Michelstadt zeugen von der Schwerindustrie im Odenwald, von der noch ein anderes Handwerk lebte: die Köhlerei. Wer aufmerksam durch die Wälder geht, wird überall die ehemaligen Kohlemeiler sehen. Und auch Flurnamen wie »Kohlplatte«, »Kohlwiese«, »Kohlwald« und »Kohlklinge« belegen die weite Verbreitung dieses Gewerbes, das heute so gut wie ausgestorben ist.

Einer der letzten Köhler ist Adam Knopf in Ober-Schönmattenwag, der seinen Meiler sieben Tage und Nächte bewacht, ehe er »gar« ist und geputzt werden kann. Ober-Schönmattenwag im Ulfenbachtal heißt im Volksmund allgemein Schimmeldewoog. Zurückgeführt wird dieser Name auf den Ausspruch eines Reiters. Im dichten Nebel von der Höhe kommend soll er sich im Tal

Das hat Seltenheitswert: ein Kohlenmeiler bei Schönmattenwag.

unüberwindbaren Wasserfluten gegenübergesehen und sein Pferd mit den Worten angetrieben haben: »Schimmele wags!« Den Fluten glücklich entronnen, gründete er eine Siedlung – die in Erinnerung an den tapferen Mann und sein gehorsames Pferd im Volksmund den Namen Schimmeldewoog trägt. Und wie kommt man nach Ober-Schönmattenwag? Na, de Buggel 'nuff, de Buggel widda nunna, iwwer de Bach und de neggschde Buggel widda 'nuff. Wie es halt im Odenwald so geht. ■

Bei Fränkisch-Crumbach im Gersprenztal präsentiert sich der Odenwald als bunter Flickenteppich aus Wiesen und Feldern.

Die Befestigungsanlagen von Michelstadt, rechts die Kellerei und der Diebsturm, stammen aus dem 10. Jh. Das Rathaus von 1484 (großes Bild) ist einer der ältesten Eichenholzbauten Deutschlands. Über einer großen, offenen Halle erheben sich der Spitzgiebel und zwei Erkertürme.

Oben:
Schloss Fürstenau in Steinbach bei Michelstadt ist seit 1459 im Besitz der Grafen Erbach. Besonders beachtenswert: der Renaissance-Schwibbogen aus dem Jahr 1588 rechts über dem Tor, der die beiden Außenflügel miteinander verbindet.

Volksfeststimmung herrscht alljährlich zu Pfingsten auf dem Michelstadter Marktplatz beim Bienenmarkt (links).

Das Schloss in Erbach (rechts) wird auch heute noch von der gräflichen Familie bewohnt. Ihre Sammlung von Rüstungen und Waffen (großes Bild) und die Sammlung von Jagdtrophäen in der Hirschgalerie (oben rechts) sind beachtlich.

Graf Franz I., in eine römische Toga gehüllt, schaut vom Schloss auf das 1545 erbaute Rathaus, hinter dem sich die evangelische Stadtkirche aus dem 18. Jh. erhebt.

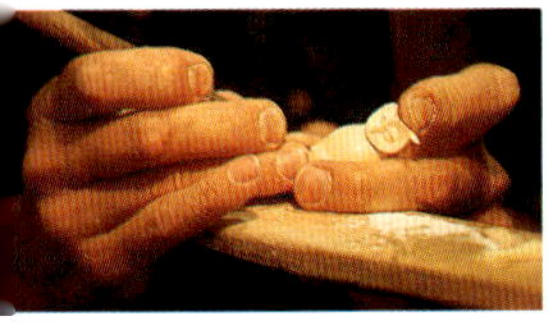

FILIGRANE KUNST

Vollendete Grazie: Skulpturen im Erbacher Elfenbeinmuseum (rechts).

Warum setzt ein Graf sich an die Werkbank? Bei Graf Franz I. von Erbach war es keine herrschaftliche Grille, die ihn dazu bewog, die Elfenbeinschnitzerei in Erbach einzuführen, sondern die Sorge um die Not seiner Untertanen, in einer Zeit, in der

die barocke Blüte des Schnitz- und Drechslerhandwerks

zu Ende ging und die Porzellanbrennerei die Vorherrschaft gewann.

Im Barock kamen Motive der antiken Mythologie in Mode, hier eine Szene mit Pan.

Wie kein Herrscher zuvor prägte Franz I. von Erbach-Erbach (reg. 1754 – 1824) die Geschichte seines Landes. Zwar pflegte der gebildete Herrscher auch »feudale« Leidenschaften: Er interessierte sich für die Jagd, die Antike, Künste und Archäologie. Das ist unschwer festzustellen, wenn man im Erbacher Schloss die große Sammlung seiner Jagdtrophäen und Kunstschätze bewundert. Aber seine Sorge galt vor allem den Landeskindern.

Er bemühte sich um eine Verbesserung des Schulwesens, förderte neue landwirtschaftliche Methoden und schuf mit der Gründung der Erbacher Drechslerzunft im Jahr 1783 neue Verdienstmöglichkeiten vor allem für die Horndreher. Erster

Obermeister der Zunft wurde der Graf selbst, nachdem er 15 selbst gefertigte Schnupftabakdosen vorgelegt hatte. Das Handwerk hatte er auf seiner »Grand tour« durch Europa erlernt.

Dem Elfenbein wurden seit alters her heilende und schützende Kräfte zugeschrieben,

weshalb es in der Frühzeit vor allem zur Herstellung von Amuletten, Idolen und Schmuck diente. Dem Zeitgeschmack entsprechend schnitzten Odenwälder im 18. Jh. allerdings vorwiegend Gebrauchsgegenstände wie Stockgriffe und Lampen.

Heute beherrschen oft stilisierte Formen die Elfenbeinschnitzerei und haben figürliche und szenische Motive ersetzt.

Bereits im 19. Jh. entwickelte sich Erbach zu einem angesehenen Schnitzerzentrum. Ins Jahr 1844 fällt die Gründung einer Sonntagszeichenschule, die die Ausbildung der Elfenbeinschnitzer begleitete. Denn das Entwerfen der Vorlage müssen sie ebenso beherrschen wie die Schaffung eines Modells, nach dem der seltene und wertvolle Werkstoff bearbeitet wird. Das gilt auch für die rund 15 Erbacher Elfenbeinschnitzer, die von den annähernd 1 200 Beschäftigten der Zunft in den zwanziger Jahren noch übrig geblieben sind. Elfenbein verwenden sie aus Gründen des Artenschutzes heute allerdings keines mehr – stattdessen nimmt man Stoßzähne von Mammuts, die im ewigen Eis Sibiriens freigelegt werden und in ihrer Struktur dem Elfenbein ähneln.

Markenzeichen der Erbacher Elfenbeinschnitzerei und Exportschlager wurde

die Erbacher Rose, ein Wunderwerk filigraner Schnitzkunst,

die in vielen Spielarten inmitten von mehr als 1000 Exponaten europäischer und asiatischer Kunstwerke im einzigen europäischen Museum für Elfenbeinkunst zu bewundern ist. Auch Werkstücke des Grafen Franz I. sind hier ausgestellt. In der angeschlossenen Museumswerkstatt kann man den Kunsthandwerkern über die Schulter schauen.

Vorherige Doppelseite: Der Galgen oberhalb Beerfeldens gilt als der besterhaltene »dreischläfrige« Galgen Deutschlands. 1804 büßte als letzte hier eine Zigeunerin mit dem Leben für den Diebstahl von einem Huhn und zwei Laib Brot.

Der Zwölfröhrenbrunnen, Wahrzeichen der Stadt Beerfelden, fasst die sagenumwobene Quelle der Mümling (oben). Eberbach am Neckar mit seinem historischen Marktplatz (oben rechts) ist ein beliebter Ausgangspunkt, um den Überwald, den Katzenbuckel und den Neckar zu erkunden.

Zum Badischen Franken gehört die Fachwerkstadt Mosbach. Das Palmsche Haus von 1610 am Marktplatz zeugt von dem Wohlstand der einstigen Residenzstadt des Pfalzgrafen Otto. Es gehört zu den schönsten Fachwerkhäusern Süddeutschlands (rechts und großes Bild).

Die Eberstadter Tropfsteinhöhle südlich von Buchen wurde 1971 entdeckt. Auf einer Länge von 610 Metern entfaltet sie eine märchenhafte Welt.

Wie aus dem Bilderbuch: Burg Hirschhorn auf einem Bergsporn über dem Neckar. Der Aufstieg durch die um 1600 ausgebaute Burganlage zum Schloss lohnt sich; der Blick ins Land und auf den sich in Mäandern windenden Neckar ist einmalig.

Als Klein-Versailles war Schloss Kleinheubach (oben links) bei Miltenberg, das einzige vollständig erhaltene Barockschloss des Odenwalds, gedacht.

Mainfränkische Fachwerkromantik erwartet den Besucher in der Altstadt von Miltenberg (oben und oben rechts).

Der Miltenberger Marktplatz, dessen südlicher Teil »Schnatterloch« genannt wird, gilt als einer der schönsten Plätze Deutschlands. Justitia krönt den Marktbrunnen.

Rund 30 000 Bücher stehen in der Bibliothek des Kloster Amorbach (großes Bild), deren Abteikirche (rechts oben und Mitte) im Inneren ein Meisterwerk des Spätbarock ist. In der Nähe: die Wallfahrtskapelle Amorsbrunn (oben links) und Burg Wildenberg, wo Wolfram von Eschenbach Teile des »Parzival« gedichtet haben soll (unten rechts).

UNTER DEM LÄCHELN MARIAS

Der Walldürner Heilig-Blut-Altar enthält das heilige Tuch (rechts). Wahrzeichen des Madonnenländchens ist die barocke Marienstatue von Buchen (unten).

Weil er sein Geheimnis nicht mit ins Grab nehmen wollte, beichtete der Priester Heinrich Otto auf dem Totenbett, er habe im Jahre 1330 bei der Feier des Messopfers den Kelch mit dem gewandelten Wein – das Blut Christi – umgestoßen. Auf das Korporale, das Tuch unter Kelch und Hostie, hatte der Wein sich ergossen und zum staunenden Entsetzen des Priesters das Bild des Gekreuzigten hinterlassen. Drum herum erschienen mehrere Häupter Christi mit Dornenkrone.

Erschrocken über die Folgen seines Missgeschicks

verbarg Heinrich Otto das Korporale schnell hinter einem losen Stein im Altar. Erst nach seinem Tod öffnete man den Altar und fand das Tuch – mit den Abbildungen des Herrn. Und diesem Umstand verdankt Walldürn, im östlichen Ausgang des Odenwaldes gelegen, seine Berühmtheit.

Die Geschichte des blutgetränkten Linnens verbreitete sich rasch; wunderbare Krankenheilungen ereigneten sich darauf und wurden in Mirakelbüchern aufgezeichnet. So oder ähnlich steht dort zu lesen: »Item das sind die Zeichen des heiligen Blutes. Item Hans Aade von Rumpfen dem war ein Kind ertrunken in einem Bache; das gelobten sie zu dem Heiligen Blute; da ward das Kind wieder lebendig; das geschah auf St. Joh. Baptist Abend. Item Irmel Rißenbach von Mudau die ist bei 17 Jahr blind gewesen und hat das Heilige Blut mit Andacht angerufen und sich dargelobt und ist sehend geworden.«

Das Wunder vom heiligen Blut löste eine regelrechte Volksbewegung aus. Mit der Ruhe ist es in dieser Gegend seitdem vorbei, zumindest während der vier Wochen nach Pfingsten, in denen Tausende Wallfahrer nach Walldürn kommen, um ihre Opfer am Heilig-Blut-Altar niederzulegen und zu beten. Schon im 15. Jh. konnte durch die Gaben der Pilger mit dem Bau einer größeren Kirche begonnen werden. An fünf Altären zugleich konnten die Wallfahrer Andacht halten. Mittelpunkt aber ist der Heilig-Blut-Altar aus Sandstein und Alabaster, der in einem silbernen Schrein das Korporale bewahrt. Der heutige Kirchen-

bau wurde zwischen 1698 und 1727 errichtet. Er überragt die Stadt beherrschend wie eine Burg, ein eindrucksvolles Monument des Glaubens.

Immer schon ist der Odenwald hier katholisch gewesen. Da verwundert es nicht, dass sich überall Zeugnisse der Volksfrömmigkeit finden – Bildstöcke, Mariensäulen, Darstellungen der Gottesmutter in Hausecken und über Portalen – »Madonnenländchen« wird die Gegend um Walldürn genannt.

Die heiteren Marienbilder bezeugen eine andere Seite des Glaubens:

Hier ist es nicht die Machtdemonstration prunkvoller Kirchenbauten oder das Bild des Weltenherrschers, sondern die mütterliche Gebärde, die die Gläubigen freundlich umfängt. Wenn Maria voller Anmut von

Säulen und Hauswänden zu den Menschen herunterlächelt, kann man sich zuversichtlich und beruhigt den Forderungen des Lebens stellen. Und so findet man hier, wo der Odenwald fränkisch ist und die Landschaft lieblicher wird, im Dunstkreis der Abtei Amorbach und der Wallfahrtskirche von Walldürn, einladende Fachwerkstädtchen mit unzähligen Zeugnissen einer heiterbeschwingten Volksfrömmigkeit.

Oben: Madonna in Amorbach. Illusionsmalerei in der Walldürner Wallfahrtskirche lässt das Gewölbe höher erscheinen als es ist (links). Das Mysterium des Glaubens erleben die Pilger besonders bei nur von Kerzen erhellten nächtlichen Prozessionen.

Bei einem Spaziergang durch das Freilichtmuseum Gottersdorf bei Walldürn erfährt man viel über die ländlichen Haus- und Lebensformen der Region.

1704 wurde die Mariensäule vor dem Haus »Zum güldnen Engel« in Walldürn errichtet.

Der Buchener Torturm (oben links) vermittelt einen Eindruck von der alten Wehrhaftigkeit der Stadt. Am äußeren Torbogen findet sich der »Blecker«, seit Jahrhunderten das Symbol der weithin bekannten Buchener Fastnacht (Mitte). In der schlichten, spätgotischen »Mainzer Kellerei« ist das Buchener Heimatmuseum untergebracht (unten).

Spuren der römischen Vergangenheit im Odenwald: Der Gutshof Haselburg bei Höchst. Ein Teil der Anlage war vermutlich eine Ziegelei.

Den Otzberg, ein Basaltkegel, krönt die Feste Otzberg. Im Volksmund wird sie respektlos »weiße Rübe« genannt (großes Bild). Schloss Lichtenberg über dem Fischbachtal trägt den Beinamen »Pestschloss«, als Zuflucht des Darmstädter Hofs zu Pestzeiten.

Das historische Stadtbild von Groß-Umstadt wird von dem stattlichen Renaissance-Rathaus (oben links und Mitte) und Adelshöfen wie dem Rodensteiner Schloss (oben rechts) bestimmt. Was hier hinter großen Hoftoren reift, wird auf der Odenwälder Weininsel wie hier in Klein-Umstadt gelesen: hauptsächlich Riesling und Müller-Thurgau (großes Bild).

Auf Spuren römischer Geschichte verweist nicht nur der Wein, sondern auch der Limes-Wanderweg im nördlichen Odenwald, auf dem man nach Obernburg gelangt. Dessen reizvollen historischen Stadtkern dominieren Fachwerkhäuser (unten links).

ERBE DER EISZEIT

Wenn Riesen streiten, hat das Konsequenzen, wie auf dem Felsberg nahe Reichenbach zu besichtigen ist: Dort erstreckt sich ein »Felsenmeer« vom 515 Meter hohen Felsberg rund 22 Meter tief in die Täler von Reichenbach und Beedenkirchen. Die Sage berichtet, dass dort ein Riesenpaar lebte.

Ihrer Bestimmung nie übergeben: Riesensäule im Felsenmeer bei Reichenbach.

Im Streit begannen sie, sich mit mächtigen Felsblöcken zu bewerfen.

Der auf dem Hohenstein wohnende Riese war zweifelsfrei der Wütendere: In kürzester Zeit schleuderte er Granitblöcke in zahlreicher Menge auf den Felsberg hinüber, die den Gegner unter sich begruben. So kommt es, dass es auf dem Hohenstein heute keine Felsbrocken mehr gibt, der Felsberg sich dagegen in ein »Felsenmeer« verwandelt hat, in dessen Tiefe man den Riesen noch schimpfen und grollen hört.

»Blockströme« werden die gewaltigen Felsformationen genannt, die dem Felsenmeer seinen Namen gaben.

In dem seit 1972 unter Naturschutz stehenden, mit 168 Hektar größten Felsenmeer des Odenwalds, das bereits 775 als »felsiberc« Erwähnung findet, erstreckt sich ein Mischwald mit 18 »Felsenmeeren« und zahlreichen Einzelfelsen, die so bildliche Namen tragen wie »Riesensessel«, »Sarg«, »Teufelskanzel« und »Krokodilstränen«. Tatsächlich waren es keine Riesen, sondern geomorphologische Verwitterung, die zu dem beeindruckenden Naturschauspiel führte: Im Erdaltertum hervorgequollenes Magma verwitterte zu Quadern, deren Kanten

eindringendes Wasser abgerundet hat. Die Ausschwemmung des Felskieses legte schließlich rund geschliffene Granitblöcke, so genannte »Wollsäcke«, frei, die sich in Tälern und Mulden zu Strömen sammelten: ein Prozess, der Jahrmillionen dauerte.

Schon römischen Steinmetzen dienten die Felsen als Material. Vermutlich von 185 – 375 n. Chr. wurden hier Werkstücke bearbeitet, die dann auf beschwerlichen Wegen über die Bergrücken bis zur Weschnitz und auf dieser dann bis zum Rhein transportiert werden mussten. So stammen vier der Granitsäulen des Trierer Domes aus dem 4. Jh. nachweislich aus dem Gebiet des Felsbergs. An über 300 Felsen findet man heute noch Spuren der römischen Steinmetze.

Mit Steinsägen und Keilen haben die römischen Steinmetze ihre Werkstücke bearbeitet, hier der »Sarg«.

sensäule«, die es bei 9,33 Meter Länge auf ein Gewicht von 27,5 Tonnen bringt. 1980 ist sie leider durch zu schnelle Abkühlung nach einem Lagerfeuer in zwei Teile gesprungen.

Nach dem Abzug der Römer fiel das Felsenmeer in einen anderthalb Jahrtausende währenden Dornröschenschlaf. Erst 1879 wurde der Steinbruchbetrieb wieder aufgenommen und erlebte um 1900 seinen Höhepunkt.

Der Granit aus dem Odenwald war vor allem in Norddeutschland und in der Rheinebene gefragt.

1968 wurde der Steinbruchbetrieb endgültig eingestellt, und so hat heute die Überlieferung wieder

Heute bearbeiten keine Steinmetze mehr den Granit. Vegetation und Erosion haben das Handwerk übernommen.

Zu den bekanntesten und heute als Kulturdenkmäler geschützten Steinen gehören das »Schiff«, mit 12,25 Meter Länge das längste Werkstück, und die beinahe vollendete »Rie-

Platz: In der geheimnisvollen Landschaft des Felsenmeers umfängt einen eine Stimmung, die auch die Existenz von Riesen nicht ausschließt.

Den Rittersaal der Burg Breuberg schmückt eine prachtvolle Stuckdecke mit Szenen aus Tierfabeln und der antiken Mythologie.

Burg Breuberg bei Höchst (großes Bild und oben rechts), einst im Besitz der Abtei Fulda, ist eine der schönsten Burgen Deutschlands. Die Anlage aus dem 12. Jh. wurde im 15. und 16. Jh. zur Feste ausgebaut. Die Burgmannen und Handwerker lebten in Neustadt zu Füßen der Burg (oben links).

*Im milden
Licht des
Herbstes macht
Seidenbuch
seinem Namen
alle Ehre.*

Die »Perle des Odenwaldes« wird der heilklimatische Kurort Lindenfels (oben links) mit seiner Burgruine genannt. Beim Burg- und Trachtenfest am ersten Sonntag im August feiern seine Bewohner ein Stück Tradition.

Heidelberg ist die »südliche Metropole« des Odenwalds. Vom Philosophenweg hat man den berühmtesten Blick auf das Schloss, die Alte Brücke und die Altstadt mit ihren malerischen Gassen (großes Bild und oben).

Symbole studentischen Lebens in der ältesten Universitätsstadt Deutschlands: Der Karzer in der Augustinergasse (oben) hat heute glücklicherweise Museumscharakter, während sich in der Studentenkneipe »Zum Sepp'l« in der oberen Hauptstraße immer noch Jungakademiker amüsieren (links).

LEBERWURST UND GROSSER DURST

»Vun eme Handkees kann mer net mäih verlange, als dass er schtinkt«, sagt ein Sprichwort und wird damit einer Odenwälder Spezialität alles andere als gerecht. Serviert wird dieser pikante Weichkäse aus der Familie der Wein- und Münsterkäse

mit Musik, das heißt, mit Zwiebeln und Kümmel in Essig.

Reif ist der Handkäs erst mit einer goldgelben Speckschicht.

Viele Gastwirte stellen den Handkäs selbst her, weshalb er überall ein bisschen anders schmeckt. Das Gleiche gilt auch für »Kochkäs«. Eine Scheibe würziges Bauernbrot, darauf dick gestrichen der cremige Käse aus vergorenem gekochtem Quark: dafür lässt so mancher Odenwälder alles andere stehen.

Laut, aber gemütlich: »Jöste Andres«, eine urtypische Odenwälder Apfelweinwirtschaft in Weinheim-Rittenweier.

Dazu trinkt man am besten Apfelwein: im Spätsommer wird er frisch gepresst als Most angeboten, im Herbst, wenn die Gärung noch nicht abgeschlossen ist, gibt's den »Rauscher«, im Winter schmeckt der Apfelwein besonders als »Aogewärmter«, heiß, mit Honig, Nelken und Zimt – und nur wer einmal den selbst gekelterten Apfelwein in einer der gemütlichen Wirtschaften entlang der Odenwälder Apfelwein- und Obstwiesenroute getrunken hat, weiß, wie Apfelwein schmecken kann.

Nach einer Wanderung mundet eine deftige Vesper besonders gut:

Hausmacher Wurst und Schinken, Presskopf und Schwartenmagen machen satt und verlangen manchmal nach einem hochprozentigen Abschluss: Aus Zwetschge, Birne,

Kirsche, Quitte und anderen Früchten wird im Odenwald ein kräftiger Obstler gebrannt.

Wen es nach Deftigem verlangt, für den sind die Bauernbratwürste, oft aus eigener Schlachtung, genau das Richtige und für den großen Hunger die Odenwälder Schlachtplatte: frische Leber- und Blutwürste, Bratwurst, Schweinebacke und Wellfleisch, serviert mit Sauerkraut und Kartoffelbrei. Das klingt nach einem wohlgenährten Bauernstand, dabei ist die traditionelle Odenwälder Kochkunst eher eine Arme-Leute-Küche.

Fleisch kam hier früher nur selten auf den Tisch,

stattdessen: Kartoffeln in allen Variationen. Angefangen bei der Kartoffelsuppe, über »Ausgeschöpfte« (Klößchen aus Stampfkartoffeln), mit Speckwürfeln und Zwiebeln gebraten, oder als »Gequellte mit Zwiwwelsooß« (Pellkartoffeln mit Zwiebelsoße) bis zu »Schnitz und Schnitz«, einem Eintopf aus Kartoffeln, getrockneten Birnen und Dörrfleisch.

All diese Gerichte sind leider ebenso wie die »Semmede«, eine Mehlspeise aus Buchweizenmehl, die mit Dickmilch und Obst gegessen wird, auf den Speisekarten kaum noch zu

Schnitz und Schnitz

Für 6 Personen

500 g Dörrobst oder Hutzeln (getrocknete Birnen), 1 l Fleischbrühe
500 g Kartoffeln, 350 g Dörrfleisch
Salz, Pfeffer

Dörrobst über Nacht in 1 Liter Wasser einweichen, am nächsten Tag zusammen mit dem Dörrfleisch in der Fleischbrühe kalt aufsetzen und köcheln lassen. Nach einer halben Stunde die geschälten und in Stücke (Schnitze) geschnittenen Kartoffeln dazugeben: Falls nötig, so viel Fleischbrühe nachgießen, dass alles gerade bedeckt ist und alles zusammen noch 30 Minuten weiterköcheln lassen. Mit Salz und Pfeffer abschmecken.

Guten Appetit

Zwei Möglichkeiten, die Ernte des Sommers zu konservieren: hochprozentig als Obstbrand (links) oder als Dörrobst für winterliche Eintopfgerichte.

finden. Aber dem Hauptnahrungsmittel der alten Zeit wird wenigstens noch einmal im Jahr gehuldigt:

Im Herbst finden die »Odenwälder Kartoffelwochen« statt,

bei denen viele Restaurants und Gasthäuser Kartoffelgerichte anbieten, mal deftig, mal fein: eben so, wie man im Odenwald isst. ■

Köstlich und typisch »odenwälderisch«: Schnitz und Schnitz.

Im nördlichsten Zipfel von Baden-Württemberg liegt das malerische Weinheim: Den großzügigen Schlosspark plante Ludwig von Skell, die ältesten Gebäude des dreiteiligen Schlosses stammen aus dem 15. Jh. (großes Bild).

Geselliger Mittelpunkt der Stadt ist der mit alten Robinien gesäumte Marktplatz mit seinen Cafés und Biergärten (oben). In der Altstadt von Ladenburg am Neckar erstrahlen alte Fachwerkpersönlichkeiten wie rechts das Haus »Zur Sackpfeife« in neuem Glanz. Von der römischen Besiedlung zeugt noch die »Jupiter-Giganten-Säule« im Hof des barocken Bischofsitzes (rechts Mitte).

Durch Weinberge führt der Weg hinauf zur eindrucksvollen Ruine der Starkenburg über Heppenheim, die einst zum Schutz des Klosters Lorsch errichtet wurde (oben).

Die imposante Größe hat der neugotischen Stadtkirche St. Peter den Namen »Bergsträßer Dom« eingebracht (links). Den Heppenheimer Marktplatz schmücken das Fachwerkrathaus und ein Brunnen mit einer Mariensäule (großes Bild und unten).

Das Alte Rathaus in Lorsch, erbaut 1715, beherbergt heute unter anderem ein Tabakmuseum.

Außer der einzigartigen karolingischen Torhalle (großes Bild) aus dem Jahr 774 erinnert kaum noch etwas an die einst monumentale Klosteranlage von Lorsch. Doch Mitte Juni wird beim »Mittelalter-Fest« das Lebensgefühl der alten Zeit wieder lebendig.

Einst kontrollierte Burg Zwingenberg südlich von Eberbach (großes Bild) die Schifffahrt auf dem Neckar (rechts).

Im nahen Seeheim präsentiert sich das Rathaus als stolzer Renaissancebau mit aufwendig gestaltetem Fachwerk aus dem Jahr 1599.

Das Auerbacher Schloss aus dem 14. Jh. über Bensheim (links) war einst die bedeutendste Burganlage an der Bergstraße. Das Wachhaus des Auerbacher Fürstenlagers (unten rechts) hat eine weniger lange Geschichte: Es ist Teil der Kuranlage und Sommerresidenz des Hessisch-Darmstädtischen Hofes.

DIE MATHILDENHÖHE IN DARMSTADT

Das aufwendige Mosaik »Die Treue« von F. W. Kleukens ziert das Erdgeschoss des Hochzeitsturms.

Schon von weitem fällt er ins Auge: Hoch über Darmstadt erhebt sich auf einem mehrstöckigen Sockel ein Turmkörper aus roten Ziegelsteinen mit einem fünfzinnigen Abschluss. Als

»die erhobene Hand gegen die Kunst-Philister«

bezeichnete Großherzog Ernst Ludwig (1892-1918) das eigenwillige Bauwerk des Architekten Josef Maria Olbrich. Die Stadt hatte dem Fürsten den Hochzeitsturm im Jahr 1905 zur Vermählung geschenkt, erbaut wurde er 1908. Ernst Ludwig hat er wohl gefallen, aber durchaus nicht jedermann.

Zwischen 1899 und 1914 entstand das Ensemble eigenwilliger Jugendstilbauten auf der Mathildenhöhe.

Olbrich, der Mitbegründer des Wiener Jugendstils (Secession), kam 1899 nach Darmstadt, um an einem ehrgeizigen Plan mitzuwirken: Auf der Mathildenhöhe, einem ehemaligen Weinberg, den Großherzog

Ludwig II. in eine Parkanlage umwandeln ließ, sollte ein Zentrum moderner Kunst entstehen. Angeregt durch den Verleger Alexander Koch, der eine Brücke zwischen Kunst und Kunsthandwerk schlagen wollte, plante Ernst Ludwig eine Künstlerkolonie. Sieben Künstler folgten dem Ruf des kunstsinnigen und weltoffenen Großherzogs, der den Jugendstil in England kennen gelernt hatte. Jetzt wollte er das Ansehen der prosperierenden, in der Kunstwelt aber zweitrangigen Residenzstadt aufpolieren.

Unter den Gründungsmitgliedern der Kolonie auf der Mathildenhöhe waren neben Josef Maria Olbrich der Maler und Kunstgewerbler Peter Behrens, der Bildhauer Ludwig Habich und der Maler Hans Christiansen. Die jungen Männer – der jüngste 20 Jahre, der älteste 32 Jahre alt – steigerten sich schnell in eine fast rauschhafte Schaffensperiode hinein, während der Großherzog sie

Reicher Mosaikschmuck und blattgoldbelegte Zwiebelhauben: die Russische Kapelle.

Zwei monumentale Skulpturen Ludwig Habichs rahmen das Omega-Portal des Ernst-Ludwig-Hauses ein (links). Das ehemalige Ateliergebäude beherbergt heute das Museum der Künstlerkolonie (oben).

großzügig subventionierte. Erster Höhepunkt der Arbeits- und Lebensgemeinschaft war die Ausstellung »Ein Dokument deutscher Kunst« im Jahre 1901, die die Kolonie selbst zum Ausstellungsobjekt machte.

Neben dem »Ernst-Ludwig-Haus« mit Ateliers, Meisterstuben und kleineren Sälen entstanden Wohnhäuser für die Künstler. Auch sie waren Teil der Ausstellung, einschließlich ihrer Innenausstattung bis hin zu Türgriffen und Besteck, denn Kunst und Leben sollten ineinander fließen – das war auf der Mathildenhöhe Programm. In vier Ausstellungen, deren spektakulärste sicher die Hessische Landesausstellung 1908 war, entwickelte sich der »Darmstädter Stil«. Von den insgesamt 17 Wohnhäusern, die bis 1914 erbaut wurden, sind nur noch wenige original erhalten. Dennoch wirkt die Mathildenhöhe wie eine Insel in der geschäftigen Großstadt: In einer Parklandschaft erheben sich Hochzeitsturm, Ernst-Ludwig-Haus und das zentrale Ausstellungsgebäude über dem Platanenhain, den Bernhard Hoetger 1914 mit Reliefs, Skulpturen und einem Wasserbecken gestaltete.

Und mitten darin ein exotisches Kleinod –

die russische Kapelle, erbaut 1898 zur Hochzeit von Alice von Hessen und Zar Nikolaus II.

In den Wirren des Ersten Weltkriegs löste die Künstlerkolonie sich auf. Ihre Idee von der Durchdringung von Kunst und Alltag ging ein ins Industriedesign und ist seither – fast »alltäglich«.

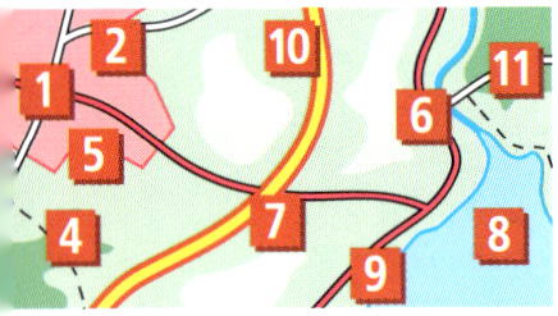

AUF EINEN BLICK

1 Brauereigasthof Schmucker

Im schönen Mossautal kommen Biertrinker auf ihre Kosten: Der Brauereigasthof Schmucker gehört zu einer kleinen **Privatbrauerei**, wie es sie viele im Odenwald gibt. Auf der Speisekarte findet sich **Deftiges und Feines** *(Mossautal, Tel. 0 60 61/7 10 01, Mo Ruhetag)*

2 Burg Zwingenberg

Die gut erhaltene **Burg** aus dem 15. Jh. zählt zu den schönsten am Neckar. Zu sehen sind Vor- und Hauptburg, Bergfried und Schildmauer. Hinter der Burg öffnet sich die landschaftlich großartige **Wolfsschlucht**, die den **Komponisten** Carl Maria von Weber zu seiner Oper »Der Freischütz« inspiriert haben soll.

3 Darmstädter Mathildenhöhe

Die **Jugendstilbauten und -interieurs** hier sind das faszinierende Zeugnis eines Versuchs, Kunst und Alltagswelt miteinander zu verschmelzen. Das **Museum Künstlerkolonie Darmstadt** auf der Mathildenhöhe zeigt einen Querschnitt durch das Schaffen der Künstlerkolonie von 1899 bis zu ihrer Auflösung bei Ausbruch des Ersten Weltkrieges. Modelle und historische Aufnahmen ergänzen die Ausstellung *(geöffnet Di – So 10 – 17 Uhr)*.

4 Der Riese

Ein mit fünf Obergeschossen die Nachbarschaft überragender Fachwerkbau aus dem Jahr 1590 beansprucht den Ruhm, **das älteste Gasthaus Deutschlands** zu sein. Er steht in der Hauptstraße von **Miltenberg**, die zum »Schnatterloch« führt – einem kleinen, romantischen Platz, der von stattlichen Fachwerkhäusern umgeben ist.

5 Deutsches Elfenbeinmuseum

Einzigartig ist das Museum in **Erbach** mit unzähligen Exponaten aus Europa und Asien. Auf einem Spaziergang durch die beschauliche Altstadt kann man darüber hinaus **Elfenbeinwerkstätten** besuchen und den Schnitzern über die Schulter schauen. *(Elfenbeinmuseum, Otto-Glenz-Str. 1, geöffnet tägl. von 10 – 17 Uhr, Nov. – Feb. Mo geschlossen)*

6 Felsenmeer

Rund um den Felsberg erlauben fünf Parkplätze den Zugang zu einem der beeindruckendsten Naturdenkmäler des Odenwalds: **eiszeitliche Felsen** bei Stafel, Balkhausen, Beedenkirchen und Reichenbach. Eine geheimnisvolle Landschaft, in die einzutauchen man sich Zeit nehmen sollte *(Anfahrt über die B 47 bis Lautertal-Reichenbach)*.

7 Freilichtmuseum Neckar-Odenwald

Bei Gottersdorf sind **ländliche Haus- und Lebensformen** anschaulich dokumentiert *(geöffnet April – Nov. 10 – 17 Uhr, Mai – Sept. 10 – 18 Uhr, Mo geschlossen)*.

8 Fürstenlager
Im Bensheimer Stadtteil Auerbach befindet sich das Fürstenlager, der ehemalige **Sommersitz** der hessischen Landgrafen und Großherzöge: der große Park wird heute als Hotelanlage genutzt. Die ebenfalls in Auerbach gelegene **eindrucksvolle Ruine** der einst größten Burganlage an der Bergstraße bietet einen schönen Blick auf das Umland.

9 Heidelberg
Als Inbegriff der deutschen Romantik ist Heidelberg in einem Tag kaum zu schaffen. Das **Schloss** – mit dem Deutschen Apothekermuseum und dem 220 000 Liter fassenden Fass –, erbaut zwischen

dem 15. und 17. Jh., ist jedoch ein »Muss«. Den schönsten Blick auf Altstadt und das Schloss hat man vom **Philosophenweg** am rechten Neckarufer.

10 Jöste Andres
In dieser typischen Odenwälder **Apfelweinwirtschaft** in Rittenweier bei Weinheim gibt es zum Apfelwein eine deftige Vesper und wunderbaren Handkäs. Freitags und sonntags spielen die **»Odenwälder Teufelsgeiger«** *(Ritschweierer Weg 12, Weinheim-Rittenweier, Tel. 0 62 01/5 12 07; Mi u. Do Ruhetage).*

11 Kloster Lorsch
Von der einst enorm großen Klosteranlage unweit des Marktplatzes von Lorsch ist heute fast nur noch die **karolingische Torhalle** erhalten, die 1992 von der Unesco zum Weltkulturerbe erklärt wurde. Karl der Große ging im Audienzraum seinen diplomatischen Verpflichtungen nach. Lohnenswert sind auch die Altstadt und das **Tabakmuseum** im Museumszentrum Lorsch schräg gegenüber der Königshalle *(geöffnet tägl. 10 – 17 Uhr, Mo geschlossen).*

12 Michelstadt
Die Stadt im Herzen des Odenwalds besitzt eines der **schönsten Rathäuser Deutschlands** und ist mit seinem **mittelalterlichen Stadtbild** der touristische Mittelpunkt des Odenwalds.

13 Treusch im Schwanen
Auch das ist Odenwälder Küche: Armin Treusch in Reichelsheim ist einer der ambitionierten Köche, die den **Odenwald auch für Gourmets** erschließen *(Reichelsheim, Rathausplatz 2, Tel. 0 61 64/22 26, Do und Freitagmittag geschlossen).*

14 Walldürn
Im **Herzen des Madonnenländchens** liegt der **Wallfahrtsort**. In und um Walldürn versetzen Mariensäulen, Bildkreuze, Wegstöcke und an Hausfronten angebrachte Madonnenfiguren den Besucher in eine heiter-fromme Stimmung. Jährlicher Anziehungspunkt nach Pfingsten ist die **Wallfahrt »Zum Heiligen Blut«**, die rund um die gleichnamige Basilika stattfindet.

15 Weinheim
Vielleicht **das schönste Städtchen** an der Bergstraße: mit romantischem Marktplatz, Gerberbachviertel mit vielen sehenswerten Fachwerkhäusern und Schloss, an das sich hinter dem Schlosspark der **Exotenwald** anschließt, den man unbedingt durchwandern sollte. Auf drei ausgeschilderten Rundwegen kann man etwa 40 Nadelbaumarten und 30 fremdländische Laubbaumarten in meist stattlicher Größe bewundern.

1 15
Diese Nummern (1 – 15) sind Positionsangaben und beziehen sich auf die Karte Seite 2 – 3

CHRONIK

500 bis 400 v. Chr. Einbruch der Kelten im Odenwald. Siedlungs- und Flussnamen bezeugen noch heute ihre Anwesenheit.

Um 100 v. Chr. Die Kelten weichen den eindringenden Germanen; erste Fliehburgen werden gebaut.

75–90 n. Chr. Römer besetzen das Waldgebiet. Ende des 1. Jh.s beginnt unter Domitian und Trajan der Bau des Odenwaldlimes.

um 250 n. Chr. Ende der Römerherrschaft; Germanen brennen Kastelle, Siedlungen und Gutshöfe der Römer nieder.

496 n. Chr. Der Odenwald fällt in das Verwaltungsgebiet des fränkischen Reichs.

Im 8. Jh. Klostergründungen leiten eine wesentliche Epoche in der Erschließung des Odenwalds ein.
734 wird das – laut Klosterlegende 714 gegründete – Kloster Amorbach zur Benediktinerabtei erhoben.
764 Gründung des Klosters Lorsch.

772 Giselhelm schenkt dem Kloster Lorsch Land im »Odenwalt silva«. Die Nennung der Schenkung im Lorscher Codex aus dem 12. Jh. belegt erstmals den Namen Odenwald.

um 1200 Im gesamten Odenwald werden Waldhufendörfer gegründet: Jeder Hufner (Bauer) erhält einen Anteil an Wald, Wiese und Ackerland.

13. Jh. Grafschaften lösen die Vorherrschaft der Klöster im Odenwald ab: die Herren von Katzenelnbogen im Oberrheingau, die Herren von Bickenbach in der Gegend um Jugenheim, die Schenken von Erbach im Mümlingtal und im Gersprenztal und die Herren von Breuberg um Höchst.

1232 Das Reichskloster Lorsch wird dem Erzbistum Mainz übertragen. Um das Erbe entbrennt zwischen den Erzbischöfen und den Pfalzgrafen ein Krieg, bei dem erbittert um Macht und Einfluss gestritten wird.

1386 Gründung der Heidelberger Universität durch Kurfürst Ruprecht I.

1525 Aufständische Bauern aus dem östlichen Odenwald ziehen unter Götz von Berlichingen nach Amorbach.

1567 Darmstadt wird Residenz Georgs I.; die Landgrafschaft Hessen-Darmstadt wird begründet.

Unten von links nach rechts: Das Renaissanceschloss Erbach-Fürstenau bei Michelstadt, das Wappen am Deutschordenshaus in Weinheim und der Grüne Saal des Klosters Amorbach.

1618 – 1648 Der Dreißigjährige Krieg dezimiert die Bevölkerung im Odenwald um 85 %.

Mitte 17. Jh. Im Odenwald beginnt der Anbau der Kartoffel, an der Bergstraße der Tabakanbau.

1674 Die Franzosen fallen in die Pfalz ein. Eines der Zentren der Auseinandersetzung ist Weinheim.

1688 – 1697 Pfälzischer Erbfolgekrieg. Ludwig XIV. beansprucht die Kurpfalz als Erbe seiner Schwägerin Liselotte von der Pfalz. Der westliche Odenwald, die Bergstraße und das Neckartal sind von dem Raubkrieg betroffen, in dessen Verlauf die Schlösser Heidelberg, Dornberg und Zwingenberg zerstört werden.

1806 Die Landgrafschaft Hessen wird Großherzogtum. Die Grafschaft Erbach und die Herrschaft Breuberg verlieren ihre Unabhängigkeit und werden dem neu gegründeten Großherzogtum Hessen-Darmstadt zugeordnet.

Beginn des 19. Jh.s Hessen erweitert seinen Gebietsanspruch im Odenwald, im Südosten und Osten treten Baden und Bayern als neue Teilhaber auf. Die territoriale Umgruppierung des Odenwaldes wird 1814/15 auf dem Wiener Kongress bestätigt. Hessen, Baden und Bayern teilen sich seither das Gebiet.

1843 Hungersnöte durch Dürre und Kartoffelkrankheiten lösen eine Auswanderungswelle nach Amerika aus.

1848 Über 10 000 Bürger fordern auf dem Michelstädter Lindenplatz Pressefreiheit und die Aufhebung standesrechtlicher Vorteile.

1870 – 1882 Bau der Bahnlinie von Darmstadt aus über das Gersprenztal, das Mümlingtal und Schöllenbach nach Eberbach.

1892 Ernst Ludwig wird Großherzog von Hessen-Darmstadt.

1901 Die Ausstellung »Ein Dokument deutscher Kunst« auf der Darmstädter Mathildenhöhe wird ein grandioser finanzieller Misserfolg.

1939 – 45 Im Zweiten Weltkrieg wird Darmstadt zu fast 80 % zerstört. Heidelberg bleibt weitgehend verschont.

Nach 1945 Rund 15 000 Kriegsflüchtlinge strömen in den Odenwald, der zu dieser Zeit rund 45 000 Einwohner zählt.

1960 Gründung des Naturparks Bergstraße-Odenwald, zu dem auch der bayrische Teil um Miltenberg und Amorbach gehört.

1980 Gründung des Naturparks Neckartal-Odenwald.

Rings um Lindenfels bieten ausgedehnte Wälder herrliche Gelegenheit zum Wandern.

Zwingenberg zu Füßen des 517 Meter hohen Melibocus besitzt die ältesten Stadtrechte an der Bergstraße.

Georg Moller errichtete 1918/19 den neoklassizistischen Bau des Alten Theaters in Darmstadt.

REGISTER

So stellt man sich den Odenwald vor: Eine Kirche inmitten spitzgiebliger Fachwerkhäuser – Waldamorbach am nordöstlichen Rand des Odenwalds.

HESSEN
Groß-Gerau
Dieburg
Griesheim
Oppenheim
Riedstadt
Darmstadt
Klein-Umstadt
Groß-Umstadt
Obernburg
Pfungstadt
Reinheim
MÜHLTAL
OTZBERG
Rhein
Biebesheim
Seeheim
Wörth
Gernsheim
LAUTERTAL
Zwingenberg
Fränkisch-Crumbach
BROMBACH-TAL
Bad König
Reichelsheim
Bensheim
NATURPARK
Biblis
Lindenfels
Ober-Mossau
Michelstadt
Bürstadt
Heppenheim
Lorsch
Fürth
Rimbach
Unter-Mossau
Erbach
Worms
GRASELLENBACH
Hemsbach
Lampertheim
Viernheim
Mörlenbach
BERGSTRASSE-
Birkenau
Wald-Michelbach
Beerfelden
Weinheim
Mannheim
ODENWALD
Ladenburg
Rittenweier
Friedrichsdorf
Rothenberg
Ludwigshafen
Heddesbach
Eberbach
Schriesheim
Hirschhorn
NECKAR
Neckar
Neckarsteinach
Schifferstadt
Eppelheim
Schönbrunn
Zwingenberg
Heidelberg
Neckargemünd
Neckargerach
Schwetzingen
Rhein
ELZTAL
Leimen
Aglasterhausen
Speyer
Mosbach
Walldorf
ODENWALD
Hockenheim
Waibstadt
Wiesloch
Neckarbischofsheim
Gundelsheim
Sinsheim
Bad Rappenau
0 4 8 12 km

Odenwald

Ausführliche Reisetipps siehe Seiten 64/65

1 Brauereigasthof Schmucker, Mossautal
2 Burg Zwingenberg
3 Darmstädter Mathildenhöhe
4 Gasthaus Riese, Miltenberg
5 Deutsches Elfenbeinmuseum, Erbach
6 Felsenmeer, Lautertal/Reichenbach
7 Freilichtmuseum Neckar-Odenwald, Gottersdorf
8 Fürstenlager, Bensheim-Auerbach
9 Heidelberg
10 Apfelweinwirtschaft Jöste Andres, Rittenweier
11 Kloster Lorsch
12 Michelstadt
13 Gasthaus Treusch, Reichelsheim
14 Wallfahrtsort Walldürn
15 Weinheim

Stürtz REGIO

Stürtz-REGIO –
Die praktischen Bildbände
mit Souvenirwert
Stürtz Verlag GmbH
Beethovenstraße 5
97080 Würzburg